El topo Tomás

por Emma Pirla Jiménez • ilustrado por Kathi Ember

Destreza clave Sílabas con *Tt*

Scott Foresman
is an imprint of

Yo soy Tomás.

Yo soy un topo.

Yo vivo bajo tierra.

Yo cavo un túnel.

Yo toco la tierra.

Yo cavo todo el día.

Yo cavo toda la noche.